www.ingramcontent.com/pod-product-compliance
Ingram Content Group UK Ltd.
Pitfield, Milton Keynes, MK11 3LW, UK
UKHW061658190726
13853UKWH00008B/2282

9 789960 206875

سلسلة الأوائِل للفتيان

أولُ سفيرٍ في الإسلامِ

«مصعبُ بنُ عميرٍ» رَضِيَ اللهُ عَنْهُ

بقلم

محمد ثابت توفيق

مكتبة العبيكان

ح مكتبة العبيكان، ١٤٢١هـ

فهرسة مكتبة الملك فهد الوطنية أثناء النشر

أول سفير في الإسلام مصعب بن عمير، لجنة التأليف والترجمة بمكتبة العبيكان - الرياض.

٤٦ص، ١٧×٢٢ سم (سلسلة الأوائل للفتيان)

ردمك: ٤-٦٨٧-٢٠-٩٩٦٠

١- مصعب بن عمير بن هاشم ٢- الصحابة والتابعون.

أ - العنوان ب- السلسلة

ديوي ٢٣٩،٩ ١٨٠٩/٢١

ردمك: ٤-٦٨٧-٢٠-٩٩٦٠ رقم الإيداع: ١٨٠٩/٢١

الطبعة الأولى

١٤٢١هـ / ٢٠٠٠م

الناشر

مكتبة العبيكان

الرياض - العليا - تقاطع طريق الملك فهد مع العروبة.

ص.ب: ٦٢٨٠٧ الرياض ١١٥٩٥

هاتف: ٤٦٥٤٤٢٤، فاكس: ٤٦٥٠١٢٩

بسم الله الرحمن الرحيم

قال رسولُ اللّه ﷺ عنه قبلَ أن يدفَن:

«لقدْ رأيتُكَ بمكةَ وما بِها أَحدٌ أرقُّ حلةً ولا أحسنُ لمةً منكَ، ثم أنتَ شعثُ الرأسِ في بُرْدَةٍ».

الفصلُ الأولُ
فتَى مكةَ الجميل

أحسن الفتيان:

كانت «مكةُ»، كلها تعرفُ هذا الفتَى، فمن ذلك الذي لايعرفُ جيداً «مصعبَ بن عميرَ» وهو الذي اجتمعت له عدةُ صفاتٍ لم تجتمع لأحدٍ من الشبابِ، فهو -أولاً- ذو أصلٍ عالٍ رفيعٍ إذ إنه ينتهي إلى قبيلَة «عبدالدار» وهي إحدى قبائلِ قريشٍ المعروفة[١]، ومع هذا الأصل اجتمع له أيضاً الحسنُ والجمالُ، فهو أجملُ شبابِ مكةَ، وأوفرهم صحةً، فهو حسنُ الوجهِ، جميلُ الطلعةِ، لاترى العينُ منه إلا مايعجبهَا، يقبلُ على الناسِ فيرونَ فيه آيةً من آياتِ الجمالِ، فهو متوسطُ القامةِ، ليسَ بالطويلِ ولا بالقصيرِ، وله شعرٌ جميلٌ يميزهُ عن بقيةِ الشبابِ، ويصلُ إلى ماقبل كتفيه[٢]، وزيادة على جمالِ مظهره، فما كان يلبسُ إلا أفضلَ الملابسِ وأرقَّها على جَسدِه، إذ كانت أمه غنية، لاتبخلُ عليه، تحضرُ له أغلى الثياب» كانت السيدةُ «خناسُ بنتُ مالكٍ المضرب» أم مصعبَ تحبُّه حباً شديداً، حتى النعلين اللذين كان يلبسهُمَا كانا من نوعٍ خاصٍ يسمَّى «الحضرميّ».

لذلك كلِّه اشتهرَ أمرُ «مصعب» في مكةَ، فما من أحدٍ من شبابها

١- أسد الغابة في معرفة الصحابة -ابن كثير- جـ٥ ص١٨٢.

٢- الطبقات الكبرى -ابن سعد- جـ٣ ص١١٦.

اجتمعَ له الأصلُ، والمالُ، والجمالُ مثله، حتى العطر الذي كان مصعبٌ يضعه، كان عطراً خاصاً، جعله أعطر أهل مكة، وتعود الناسُ أن يعرفوه قبلَ أن يروهُ ذلك أنهم يستنشقونَ عطرهَ فيتعرفونَ عليهِ، ووصفَه الرسولُ العظيمُ فقال:

- «ما رأيتُ بمكة أحداً أحسن لمة ولا أرق حُلّةً ولا أنعم نعْمةً من مصعب بن عمير»(١).

هذا هو حالهُ قبل الإسلامِ، ما رأى الرسولُ أحداً في مكة أحسنَ منه في طول الشعر، وجماله، ولا في رقةِ ملابسهِ، ولا أكثرَ راحةً ورفاهيةً ونعمةً منه، حتى جاء يوم استمعَ فيه هذا الفتى الصغيرُ المرفهُ الذي اجتمعت له كلُّ أسبابِ الراحةِ والنعيمِ ماجعله لايعرفُ إلا الراحةَ في كلِّ أمورِ حياتهِ استمعَ «مصعبٌ» إلى خبرِ يقولُ إن «محمدَ بنَ عبداللّه» قد بعثَه اللّهُ إلى قريشٍ خاصةً، ثم إلى الناسِ عامةً يدعوهُم إلى الإسلامِ، وهو دينُ لم يسمع به العربُ من قبلُ، وأرادَ أن يتأكدَ بنفسهِ، فذهبَ إلى دارِ «الأرقمِ بنِ الأرقمِ» حيثُ كانَ الرسولُ العظيمُ يجتمعُ مع أصحابهِ بعيداً عن عيونُ أكابرِ قريشٍ وعن الغاضبينَ منه، الخائفينَ من انتشارِ دعوتهِ إلى الخيرِ، كي لاتقضيِ على تحكمهم في الناسِ وشرهِم.

١- الطبقات الكبرى -ابن سعد- جـ٣ ص١١٦.

إسلام مصعب:

جلس «مصعبٌ» إلى الرسولِ يستمعُ منه أحكامَ شريعةِ الإسلامِ، جلس صامتاً يستمعُ في اهتمامٍ، والمسلمونَ من حولهِ يتمنَّونَ أن يسلمَ هذا الفتى أن يهديهُ اللَّه إلى نورِه مثلمَا هداهم، يتمنونَ الهدايةَ له، فإن إسلامه يَزينُ جماعةَ المسلمينَ الأوائل القلائل، ويغيظ مشركي قريش الكثيرينَ، أخذَ «مصعبٌ» يعي بعقلِه مايقولُه الرسولُ، وَيَتَشَرَّبُهُ، ثم قامَ، فاقتربَ منه، ماداً يديه، معلناً دخولَه في الإسلامِ [١].

مصعب يخفي إيمانه:

تلا «مصعبٌ» الشهادتينِ خلفَ رسولِ اللَّه، وصدَّق به، أنعم اللَّه عليه بالإيمانِ، فعلم أنه أفضلُ من جميعِ النعمِ التي لديهِ، ووجدَ مصعبٌ في طاعة ربه، وحسنِ عباداتهِ الاطمئنانَ والسكينةَ كما لم يجدهمَا من قبلُ، فها هو أخيراً يجدُ مايملأ عليه شغافَ نفسهِ، ولكنه يحبُّ أمه حباً عظيماً، يشفقُ عليها، يخافُ إن هي علمتْ بخبرِ إسلامهِ أن تغضبَ فيسبب لها ألماً، أو تخاصمُه، وهي العزيزةُ لديهِ، لايتمنىَّ لها إلا كلَّ خير، ويرجُو أن تهتدي إلى الإيمانِ، أيضاً كان «مصعبٌ» يخافُ من «قريشٍ» إن هي علمت بخبرِ إسلامهِ، سيحاولُ كبارُ المشركين أن يصرفُوه عن دينهِ بما استطاعُوا من وسائل

١- مصعب بن عمير -محمد إبراهيم سليم- ص٧.

القهرِ والإيذاءِ. لهذا أخفَى إيمانَه ولم يُعلمْ به أحداً[١].. فكان يذهبُ إلى الرسولِ العظيمِ سراً، ويحرصُ على ألا يراهُ أحدٌ أثناءَ ذهابهِ إليه.

انتشار خبر إسلامه:

ولكنَّ واحداً من قومهِ رآه وهو يصلِّي، فعلمَ أنه قد أسلمَ، لذلك أسرعَ «عثمانُ بن طلحةَ العبدري» إلى أهله جميعاً فأخبرهم أما أمه التي ما أن سمعت بالخبرَ حتى انقلبت عليه، وهو الذي لم يكن يتمنَّى لها إلا كلَّ خيرٍ وهي التي كانت تحبهُ حُبّاً عظيماً جعلَها تنفقُ عليهِ مالاً كثيراً، إلا أن إسلامَه فاجأها، فرأت أن تَمنعَ عنه ماكانت تعطيهِ له، وخُيل إليها أنهَا إن فعلت عاد عن إيمانهِ باللّهِ كافراً مرةً أُخرى، بل طاوعَهَا قلبُها في أكثرَ من ذلك، لقد قررت أن تعذب فلذَةَ كبدهَا عذاباً شديداً، وهل تقبلُ أمٌ أن يعذبَ ابنها أمامَ عينيها؟ ومَنْ معذبه.. هي نفسُها، هل تقبلُ أمٌ أن يعذبَ ابنها؟ من المؤكد أنها لا تقبل، ولكنه الكفرُ - والعياذُ بالله - يدفعهَا إلى أن تفعلَ أي شيءٍ في سبيلِ تركِ ابنها لدينهِ، وينسيهَا أسمَى وأعزَّ وأغلَى عاطفة في الحياةِ، عاطفة الأمومةِ في مقابلِ هدفها.

ثبات «مصعب» على دينه:

توصلت «أم مصعب» إلى فكرةٍ ظنتهَّا كفيلةً بإعادتهِ مشركاً فحبسته[٢]، ومنعتهُ من أن يتصلَ بأحدٍ من الناسِ، جعلتهُ في غرفةٍ ضيقةٍ،

١- الطبقات الكبرى -ابن سعد- جـ٣ ص١١٦.

٢- أسد الغابة في معرفة الصحابة -جـ٥- ص١٨٢.

ومنعت عنه الطعامَ، حتى جاع جوعاً شديداً، وتغيرَ، فصارَ نحيفاً، وذبلَ حتى تغير لونه ونحلَ، فما تغيرَ فيه شيءٌ، بل ازدادَ إصراراً وثباتاً على دينهِ.

الهجرةُ إلى الحبشةِ:

قدر اللّه الخيرَ لـ« مصعبٍ » لأنهُ – عز وجلَّ – رحيمٌ بعبادهِ المؤمنينَ، فلم يكن مصعبٌ وحدَه هو الذي يعذبُ، بل كثيرٌ من صحابةِ النبيِّ –صلى اللّه عليه وسلم– لذلكَ فلقد أتَوهُ يشكونَ إليهِ ماهم فيهِ من الضعفِ ... فقالَ لهم.

– « لو أنكم تفرقتُم في الأرضِ حتَّى يَجعلَ اللّهُ فرجاً مما أنتم فيهِ؟ ».

يخبرهمُ الرسولُ الحكيمُ أنه من الأفضلِ لهم أن يخرجُوا من « مكةَ » حتى يخففَ اللّه عنهم مايلقونَه من تعذيبٍ، فقالَ الصحابةَ:

– « إلى أينَ »؟.

فأجابهُم الرسولُ العظيمُ، مشيراً إلى « الحبشةِ » لأنَّ:

– « بها ملكاً لايُظْلَم عنده أحدٌ ».

وهكذا أفلتَ « مصعبٌ » من « السجنِ » الذي وضعته أمُّه فيهِ، وخرجَ من مكةَ فاراً بدينهِ، وكانت هجرتُه مع الصحابةِ في السنةِ الثامنةِ قبلَ هجرةِ الرسولِ إلى المدينةِ.

شوقُ «مصعبٍ» إلى الرسولِ:

ولكنَّ شوقَ مصعبٍ إلى رؤيةِ رسولِ اللَّه، والجلوسِ معَهُ، والاستمَاعِ إلى صوتهِ، والاطمئنانِ عليه، وأخذ أحكامِ الإسلامِ عنه، أخذَ يزداد يوماً بعد يوم، وهو لايطيقُ هذا البعدَ، ولايصبرُ عليه[1]، كما أنه يعلمُ مقدارَ العذابِ الذي ينتظره في مكةَ، فقد يصيبُه من الأذَى الكثيرُ لكنَّه لايحتملُ البعدَ عن حبيبهِ - صلى اللَّه عليه وسلم- ولذلك قررَ العودةَ إلى مكةَ، وأسرعَ بالسفرِ، وقابلَ الرسولَ ففرحَ فرحاً شديداً، ولزمَ مجلسه يستمعُ إليه، ويعوضُ الأيامَ التي قضاهَا بعيداً عنه، فسعدَ بلقائه، ولزمَ مجلسهُ، وأجادَ حفظ القرآنِ، حتى صارَ أحدَ الصحابَة العالمين بأمور دينهِم «الفقهاء».

دورٌ خطيرٌ:

لقد أراد اللَّهُ لمصعبٍ أن يعودَ إلى «مكةَ» كي يؤدِّي دوراً خطيراً في مسيرة الدعوةِ الإسلاميةِ، إن نشرَ الدعوةِ الإسلاميةِ في مكةَ صارَ صعباً والمشركونَ يزدادونَ قوةً وضراوةً في حربهم للرسُولِ وأصحابهِ، لذلكَ قررَ عليه الصلاةُ والسلامُ أن يخرجَ لمقابلةِ وفودِ الحجيجِ الذينِ يأتونَ إلى مكةَ كلَّ عام، فيذكرُ لكلِّ قبيلةِ دعوتهُ، ويدعوهَا إلى الإيمانِ باللَّهِ، ونصرتهِم له حتى يستطيعَ أن يبلغَ شريعة ربه، ولكنهُم كانوا يرفضُونَ دعوتَه، ومع ذلك لم

١- مصعب بن عمير -محمد إبراهيم سليم- ص٨.

يكن الرسولُ ييأس أبداً، بل كان يكررُ دعوته، فهو يعلمُ أن عليه أن يستمرَّ في دعوتِه مهمَا لاقَى في سبيلهِا من مصاعبَ، وهي أمانةٌ عليه أن يؤديهَا، أما التوفيقُ فمن عندِ اللَّه -عز وجل-، ظلَّ الرسولُ يدعُو القبائلَ آملاً أن ينعمَ اللَّه عليه بأرضٍ أخرَى خصبة يدعُو فيهَا فيستجيبَ الناسُ له، حتى أذنَ اللَّه له بالفرج، وكان ذلك في العامِ الثالثِ قبلَ الهجرةِ، إذ لقي الرسولُ ثلاثة رجال من الخزرجِ فدعاهُم إلى الإيمانِ، والتصديقِ بدعوتِه، فاستجابُوا له ووعدوُه بأن يعودُوا إلى قومهِم، يدعونهَم إلى الإسلامِ على أن يقابلُوه في العامِ القادمِ.

وفي الميعادِ حضَر الرجلانِ، ومعهُمَا عشرةٌ آخرونَ، فقابلوا الرسولَ فتحدثوا معه وبايعوه وكان ذلك في العامِ الثاني قبل الهجرةِ، وسُمي هذا اللقاء ببيعة العقبة الأولى.

كانتِ السنواتُ التي قضاهَا «مصعبٌ» إلى جوارِ الرسولِ بعد عودتهِ من «الحبشةِ» سنواتٌ كلهَا خيرٌ عليه، ازدادَ معرفةً بأمورِ دينه وأحكامه، ولما أراد الاثنا عشر رجلاً الانصراف، والعودة إلى «يثرب» بلدهم، كلف الرسولُ العظيمُ مصعبَ بأمر خطيرٍ، ذلك أنه أمَره بالذهابِ معهُم، كي يعلمهُم شريعَةَ الإسلامِ، وليدعُو الناسَ إليه في المدينة، فكانَ «مصعبٌ» بهذَا أولَ مبعوثٍ - سفير- للإسلاَم[1]؛ وأولَ داعيةٍ إلى اللَّه خارجَ مكةَ.

١- أسد الغابة في معرفة الصحابة -جـ٥- ص١٨٣.

الفصل الثاني
أولُ داعيةٍ إلى اللَّهِ خارجَ مكةَ

بدايةُ المهمةِ:

وصلَ « مصعبٌ » مع الأنصارِ إلى المدينةِ، فكانَ أولَّ مهاجرٍ إليهَا، سأله أهلهَا عن الرسولِ فأجابهُم:

– « هو مكانَه، وأصحابهُ على أثرِي »[1].

يخبرهُم بأن الرسولَ في مكانِه، في « مكةَ » وأما أصحابهُ فسوف يصلُونَ بعد فترةٍ وأقامَ « مصعبٌ » في منزلِ « أسعدَ بنِ زرارة ». ولم ينتظر وإنما بدأَ دعوتَه إلى اللَّهِ، فهوَ يعلمُ عظمَ المهمةِ الذي كلفَّهَ بها الرسولُ. وكذلكَ فهو يدرِي جيداً قيمةَ الدعوَة إلى اللَّهِ، وعظمَ أجر الداعيةِ، ويعرفُ قولَ الرسول:

– « لأن يهدي اللَّه بك رجلاً واحداً خيرٌ من الدنيا ومافيها ».

ثم إنه يدرك طبيعةَ المرحلَة، فالمسلمونَ مستضعفونَ في مكةَ، ولابدَّ من إعدادِ أهل يثربَ لاستقبالِ الرسولِ، بحسن عرض الإسلامِ عليهم، حتى يشرحَ اللَّه صدورهُم للإيمانِ به، فيتحققَ نصرهُ لرسولهِ بمكانٍ غيرِ مكةَ.

١– سير أعلام النبلاء –الإمام الذهبي– ص١٤٦.

وصار «مصعبٌ» يفقّهُ أهلَ «يثربَ» في أمورِ الدينِ، ويقرأُ عليهم القرآنَ، حتى أسموه لكثرةِ ماكان يقرأُ كلام اللَّه «المقرئ». وأرادَ أن يدعوَ أكبرَ عددٍ من الناسِ فكانَ أولَ مَنْ جمعهُم لصلاةِ «الجمعةِ» في المدينةِ وكذلكَ كان يؤمهم في الصلاةِ، لأن «الأوسَ» و«الخزرجَ» وهما القبيلتانِ اللتانِ كانتَا تقيمانِ في يثربَ كانتا متحاربتينِ، فلم يقبل أحدٌ منهم «من الأوسِ أو الخزرجِ» أن يصلي به أحدٌ من غير قبيلتهِ[1].

وهكذا اجتهدَ في دعوةِ أهل يثربَ إلى الإسلامِ، فكثرَ عددُ الذينَ يستجيبونَ له، وكان دائم الاجتهاد، لم يكن يكتفي بالأحياءِ التي دعا الناسَ إلى اللَّه فيها، فكان ينتقلُ من حيٍّ إلى آخر، حتى انتشرَ الإسلامُ في ديارِ الأنصار كلِّها إلا بعضَها[2].

موقف شديد:

وخرجَ يوماً ومعه أسعدُ بن زرارةَ في رحلةٍ دعويةٍ إلى حيٍّ من أحياءِ المدينةِ يُسمى «بني عبدِالأشهل»، فاستمَع إلى كلماته «سعدُ بن معاذ» و«أسيدُ بن حضير» وكانا من المعروفينَ في المدينة.

فقال سعد لصاحبه:

- «لاأبا لك، انطلق إلى هذينِ الرجلينِ اللذينِ أتيَا ديارنا ليسفهَا

1- أسد الغابة في معرفة الصحابة -ابن الأثير- جـ5- ص181.
2- الطبقات الكبرى -ابن سعد- جـ3 ص118.

ضعفاءَنا فازجرهمَا وانههمَا أن يأتيا ديارنا، فإنه لولاَ أسعدُ بن زرارة مني – وكان سعد بن معاذ ابن خالة أسعد بن زرارة – حيث قد علمت لكفتيك ذلك، هو ابن خالتي، ولا أجد عليه مقدماً».

إن «سعداً» مستاءٌ من وجود «أسعد» و«مصعب» في حيه، وغاضبٌ من دعوته للناسِ إلى اللّهِ، بل ويرَى أنه يجبُ على صاحبِه «أسيد بن حُضير» أن يقسُو عليهمَا في القولِ كي لايجيئا مرةً أخرى، أما السببُ الذي يمنعُه هو نفسُه من فعلِ ذلك، فلأن «أسعدَ بن زرارة» قريبٌ له، فهو ابنُ خالتهِ ولا يستطيع أن يحدثَه بطريقةٍ عنيفةٍ.

حكمة الداعية:

وبالفعلِ جاءَ «أسيدٌ» إلى حيثُ جلسَ «مصعب» و«أسعد» يدعوان الناسَ إلى اللّه، وهم يستمعونَ إليهما في صمتٍ شديدٍ، يتدبرونَ مايقولانِ، فما إن اقتربَ منهمَا حتى وقفَ معصبٌ «مبتسماً» – فرحاً بهما– ولكنَّ أسيداً قال:

– «ماجاء بكُمَا إلينَا تسفهانِ ضعفاءَنَا؟ اعتزلاَنَا إن كانت لكما بأنفسكمَا حاجةٌ».

يتساءلُ عن السببِ الذي جعلهُمَا يجيئانِ إلى هذَا الحيِّ الذي همْ فيهِ ويرى أنهمَا يسفهانِ الضعفاءِ، ويأمرهمَا بالابتعادِ عن هذا المكانِ إذا كانَا يحبانِ الحياة.

إنه تهديدٌ صريحٌ بالقتلِ إن لم يبتعدَا عن حيّهِ، ويكفَّا عن دعوةِ الناسِ ولكن مصعباً الذي تربَّى في مدرسةِ الرسولِ العظيمِ كان له ردٌّ مختلفٌ تماماً. إنه يواجه هذا البركانَ المتفجِّرَ الثائرَ بما رآه وتعلَّمهُ من الرسولِ العظيمِ من صبرٍ، وهدوءٍ، وحسنِ تصرفٍ، وابتسامةٍ فيقول لـ «أسيد»:

- «أو تجلس فتسمعُ فإن كان خيراً ورضيت أمراً قبلتَه، وإن كرهتَهُ كفَّ عنك ماتكرهُ»(١).

إنه يقولُ له .. من الأفضلِ أن تجلسَ، فتسمعَ، فإن رضيتَ أمرنَا قبلتهُ وإن لم ترضه أبعد عنك ماتكره، إنها حكمةُ الداعيةِ الذي يحتوي الموقفَ ولايرد على مَنْ يستفزُّه باستفزازٍ، وإنما يحفظُ لسانَه عن مَنْ يدعوه، ويبتعدُ به عن الشرِّ، يقربهُ من الخيرِ، إذ يردُّ عليه ردّاً جميلاً يناسبُهُ، إنه الأسلوبُ الحسنُ، الحكمةُ والموعظةُ الحسنةُ، في كلماتٍ بسيطةٍ .. تصل إلى القلبِ مسرعةً، ذلك لأنهَا نابعةٌ عن شغافِ قلب مَنْ يتحدثُ، لذلك قال أسيدٌ على الفور:

- «أنصفتَ».

لقد تحولَ عن موقفهِ تحولاً كاملاً، لقد أتى إليهما ممسكاً بحربتهِ، عازماً على الشر إن هما لم يكفَّا عن دعوةِ الناسِ، فلما استمعَ إلى كلماتِ «مصعب» النورانيةِ ركَزَ رمحهُ أي ثبتهُ، معلناً قبولَه للمبدأ، أن يستمعَ

١- حياة الصحابة -محمد يوسف الكاندهلوي ص١٧٩.

ويتدبرَ كلماته أولاً ثم يحكُمُ، لقد امتصَّ مصعبٌ حماسهُ للشرِّ، وجعلهُ محايداً متقبلاً لكلماته، بحديثه اللبقِ، جعلَ الأسدَ الثائرَ الذي يريدُ الشرَّ، إنساناً عاقلاً يتحاكَمُ، يقبلُ مبدأَ العدلِ والإنصافِ في الاستمَاعِ إلى كلماته....

وكما يشرق الصباحُ واضحاً جلياً على الكون، يزيل ظلمةَ الليلِ، ويبددُ من الكونِ كل خوفٍ، كذلك كانت كلماتُ «مصعب» نوراً يشرق بين جنباتِ نفس «أسيد»، نوراً يمحُو عنهَا كلَّ ظلامِ الجهلِ والخوفِ، كلمَّهُ مصعبٌ عن «الإسلامِ» فأجادَ عرضهُ، وهكذا ينبغيِ للحقِّ أن يكونَ وراءَه لسانٌ صادقٌ صالحٌ يحسنُ عرضَه وتوضيحَهُ، ثم قرأ عليه القرآنَ، فلكأنَّهُ على شفتي «مصعبٍ» أشعةَ الصباحِ تشرقُ في نفسِ «أسيد»، حتى إنه ليحكُم «مصعب» ومعه أيضاً «أسعَد» بأنهما:

- «واللَّه لقد عرفنا في وجهه الإسلام قبل أن يتكلم في إشراقه ومستهلهِ».

لقد أضاءت جنباتُ نفسهِ، فنطقَ الإسلامُ على وجههِ قبلَ شفتيهِ، لقد تبدلت ملامحهُ، لم تعد تلكَ التيِ جاءَ بها، عندمَا قدمَ عليهمَا، لقد تغيرت، صارَ شخصاً آخرَ غيرَ المشركِ الذي لايدرِي كيفَ يتصرفُ» أشرقَ وجههُ بنورِ الإسلامِ، ثم قال:

- «ما أحسن هذا وأجمله كيف أصنعُ إذا أردت الدخولَ في هذا الدين؟».

لقد قاد الربان الماهرُ السفينةَ بنجاحٍ، قادَ «مصعبٌ» الحوارَ – مع هذا الرجلِ بتفوقٍ، لقد استطاعَ القائدُ المحنكُ أن يجنبهَا الأمواجَ الهائلةَ العاتيةَ التي تكادُ تقضِي عليهَا، لقد استطاعَ مصعبٌ الداعيةُ الموفقُ أن يتغلبَ على هديرِ الشرِّ في نفسِ «أسيدٍ»، ذلكَ الذي كانَ يريدُ طرد الداعيينِ إلى اللَّهِ بأيِّ طريقةٍ لقد وصلتِ السفينةُ إلى برِ الأمان رغم الأخطار، لقد دفع مصعب «أسيداً» إلى الإسلامِ رغمَ طولِ الفترةِ الزمنيةِ التي قضاهَا كافراً، فهي عمرُه كله، وهو يسألُ الآنَ بعدما استحسنَ ماسمعَه، وصدقَ به، وراحَ يقولُ إنه مافي الكونِ كلهِ شيءٌ أحسنَ من ذلك ولا أجملَ، ثم يتساءلُ عما يفعلُ كي يدخلَ في الإسلامِ –فقالا له:

– «تغتسل فتطهر، وتطهر ثوبيك، ثم تشهد شهادة الحق ثم تصلي»

في خطواتٍ واضحةٍ، منظمةٍ يوضحانِ له أن عليهِ أولاً أن يغتسلَ فيكونَ بذلك متطهراً، ثم يطهرُ مايلبسُ، ثم يشهدُ شهادةَ الحقِ، أنه لا إِله إلا اللَّه، وأن محمداً رسول اللَّه، فقامَ الرجلُ بسرعةٍ، ففعلَ ما أمراهُ به، ثم قال لهمَا:

– «إن ورائِي رجلاً إن اتبعكُما لم يتخلف عنه أحدٌ من قومهِ وسأرسلُه إليكُمَا الآن إنه سعد بن معاذ».

لقد تصرفَ «أسيد» الذي آمن بوحدانيةِ اللَّه وبرسالةِ محمدٍ ﷺ، وصلَّى منذ لحظاتٍ فقط، تصرفَ كما يتصرفُ الداعيةُ، إذ أرشد «مصعباً»

و« أسعد » إلى « سعد بن معاذ »، موضحاً لهما بأنه رجل إذا أسلم لم يبقَ أحدٌ من الأنصارِ على الكفرِ.

ثم أخذَ « أسيد » حربتَه وانصرفَ مؤمنًا باللّه، وعادَ إلى « سعد » وقومهِ، و« مصعب » و« أسيد » كما همَا جالسانِ يدعوانِ الناسَ، فلما نظر « سعد بن معاذ » إلى وجه « أسيد » أحس فيه بتغيرٍ واضحٍ، فقال لمن حولَه:

– « أحلفُ باللّهِ لقد جاءكُم أسيدٌ بغيرِ الوجهِ الذي ذهبَ به من عندِكُم ».

إنّه ليقسمُ باللّهِ أن « أسيداً » عائدٌ إليهم وقد تغير وجهُهُ، لم تعد ملامحُهُ تعبرُ عن الشرِّ كما كانت، بل كساهُ الاطمئنانُ والاتزانُ، فلما وصل إليهمْ قال له سعدٌ:

– « مافعلتَ؟ ».

قال:

– « كلمتُ الرجلينِ فواللّهِ مارأيتُ بهمَا بأساً ».

يجيبُه « أسيدٌ » بأنه حدث « مصعباً » و« أسعد » فما وجد في كلامهما إلاَّ كل خيرٍ، فقامَ « سعدٌ » وهو شديدُ الغضبِ وأخذَ حربتَه معه عازماً على التصرفِ معهمَا بنفسهِ، ثم قال لأسيدٍ:

– « واللّه ما أراك أغنيتَ شيئاً ».

يقسمُ أنه ماعرفَ فائدةً من ذهابهِ إليهمَا، وكأنهُ هو الذي سيأتيِ بالفائدةِ التي في نفسهِ!.

وصلَ «سعدٌ» إلى مجلسِ «الداعيينِ» إلى اللَّه، فلما رآهما ساكنينِ مطمئنينِ، عرفَ أن صاحبَه «أسيد» إنما دفعهُ ليخرجَ لهمَا كي يسمعَ منهمَا، فوقفَ متشتماً، ثم قال لأسعد بن زرارة قريبه:

– «واللَّهِ يا أبا أمامةَ واللَّهِ لولاَ مابيني وبينك من القرابة مارمتَ هذا مني، أتغشانَا في دارنَا بما نكرهَ؟».

يقسم «سعدٌ» بأنه لولاَ القرابةُ التي بينهمَا، ويعيدُ القسمَ لولاهَا لدفعَ بحربتهِ إليهِ يريد قتلَه، ذلك لأنهُ يأتي إليهم، في حيهم، وبين قومهم بما لايريدونَ أن يسمعُوهُ، بما يكرهونَ، هكذا بلغت به شدةُ الغضبِ.. وكان «أسعد» قد قال قبلَهَا لـ«مصعبٍ».

– «جاءك سيدٌ من ورائه قومُه إن يتبعك لايتخلف عنكَ اثنانِ».

يخبره بأن هذا الرجلَ الذي سيدعوانه إلى الإسلامِ ليسَ فرداً، وإنما هو كبيرٌ في قومهِ، فإن آمنَ هذا الرجلُ، آمنَ بإيمانهِ قومُه كلهُّم، فلا يبقَى على الشركِ منهم اثنانِ.

وبهدوء الداعية، وبذكاءِ ولباقةِ الداعيِ إلى الخير يقولُ «مصعبٌ»:

-« أو تقعد فتسمع فإن رضيتَ أمراً رغبتَ فيه قبلتَه، وإن كرهتَه عزلتُ عنكَ ماتكرهُ »

يدعوه لكي يجلسَ، يدعوه كما دعا « أسيداً » صاحبَه من قبلُ، ويعلمه إن رضيتَ كلامنَا قبلته ودخلتَ في ديننَا، وإن لم ترضَه فكرهتَهُ، أبعد عنكَ ماتكرَه، إنه حديثُ الواثقِ من دعوتهِ، المطمئنِ إليهَا، فقال « سعدٌ » :

- « أنصفتَ » .

ويثبت حربتَه في الأرضِ، وفي سلامٍ يجلسُ، فيستمعُ إلى « مصعبٍ » وهو يعرضُ عليه الإسلامَ، ويقرأ آياتٍ من القرآن تقول :

﴿ حمٓ ﴿١﴾ وَالْكِتَابِ الْمُبِينِ ﴿٢﴾ إِنَّا جَعَلْنَاهُ قُرْآنًا عَرَبِيًّا لَّعَلَّكُمْ تَعْقِلُونَ ﴿٣﴾ وَإِنَّهُ فِي أُمِّ الْكِتَابِ لَدَيْنَا لَعَلِيٌّ حَكِيمٌ ﴿٤﴾ أَفَنَضْرِبُ عَنكُمُ الذِّكْرَ صَفْحًا أَن كُنتُمْ قَوْمًا مُّسْرِفِينَ ﴾ .

وهكذا قرأ عليه الآيات الأولى من سورة « الزخرف »، فعرفَا في ملامحِ وجهه الإسلامَ قبل أن يتكلمَ ثم طلبَ منهما أن يعلمَاه مايفعلُه الرجلُ حين يريد الدخولَ في الإسلامِ، وتطهرَ، بعد ما اغتسلَ، ثم شهدَ أن لا إله إلا اللّه وأن محمداً رسول اللّه، وصلى ركعتين، ثم أخذَ حربتَه، واصطحبَ « أسيدُ ابن الحضير » عائداً إلى قومه قائلاً لهم :

- « يا بني عبدِالأشهل كيف تعلمونَ أمري فيكُم؟ » .

إِنه يسألهم عما علموه من حكمِه بينهم ، ومن خلالِ طولِ معاشرتهم له، قالوا:

- «سيدُنا وأفضلُنا رأياً وأيمنا نقيبةً».

أجابوه أنه السيد فيهم أحسنهم رأياً.

قال سعد:

- «فإِن كلام رجالِكم ونسائِكم عليَّ حرامٌ حتى تؤمنُوا باللَّهِ ورسولِه».

فما بقيَ في الحيِّ كلهِ، حيِّ «عبدالأشهل» رجلٌ ولا امرأةٌ إِلا مسلمٌ ومسلمةٌ.

إِنه الداعيةُ العظيمُ «مصعبٌ» يجعل ممن قدمَ عليه يريدُ له الشرَّ، مسلماً بل داعياً إِلى الخيرِ، إِنه «مصعبٌ» يجيدُ عرضَ أحكام دينه، حتى تمس القلوبَ فتحولَ الكافرَ مؤمناً بإِذنِ اللَّه، وقد رأينا كيف كان إِسلامُ «سعد بن معاذ» فاتحة خير فلقد أسلم بإِسلامِه قومُهُ كُلُّهم.

مصعب يمهد لهجرة الرسول إلى المدينة:

لم يكتف «سعد بن معاذ» بدعوة قومه إِلى الإِسلامِ وطاعتهم له، بل لقد عادَ مع «مصعبٍ» و«أسيْدٍ» إِلى دار «أسيْدٍ» فأقامَ معهمَا حتى لم تبقَ دارٌ من دورِ الأنصارِ إِلا وفيها مسلمونَ إِلا ماكانَ من دورٍ قليلةٍ.

وهكذا مهد «مصعبٌ» لقدومِ الرسولِ العظيمِ إلى يثربَ، وفي موسم الحج التاليِ، عاد مصعبٌ إلى «مكةَ» ومعهُ سبعونَ رجلاً من الأنصارِ وامرأتان، يدعون النبي لكي يشرف بلدهُم بالهجرَة إليهم، وكانت هذه هي «بيعة العقبة الثانية».

لقاء مصعب بحبيبه:

وعاد «مصعبٌ» إلى مكةَ، وكلُّه لهفةٌ وشوقٌ إلى لقاءِ الرسولِ العظيمِ وحين نزلَ بها أسرعَ ومن معه من «الأوس» و«الخزرج» أهل يثرب إلى منزله -صلي اللَّه عليه وسلم- فجلسَ بين يديهِ، بعدَ أن حياهُ بتحيةِ الإسلامِ، وأطفأ ما كان بقلبه من نارِ الشوقِ إليه، ثم أخذ يروي للرسولِ ﷺ عن «الأنصارِ»، وسرعتهم إلى الإسلامِ، واستجابتهِم له، وتلهفهم على هجرةِ «الرسول» إليهم، ورسول اللَّه يستمع إليه، مسروراً بما يروي.

أم مصعب ترسل في طلبه:

وعلمت «أم مصعب» أنه قد جاء من المدينةِ، فأرسلت إليه، فلما دخلَ عليهَا حياهَا بأدبٍ وحنانٍ فقالت له:

- «ياعاقٌّ: أتقدمُ بلداً أنا فيه ولاتبدأُ بِي؟».

إنها تتهمُهُ بالعقوقِ لأنه قد عادَ إلى مكةَ فلم يبدأ بزيارتها حتى أرسلت إليه، فقال «مصعب» لها:

- « ماكنتُ لأبدأ بأحدٍ قبلَ رسولِ اللَّه » .

إنه يخبرُهَا أنه لايبدأُ بزيارةِ أحدٍ في مكةَ كلهَا قبلَ أن يزورَ الرسولَ العظيمَ ﷺ .

فلما ذهبَ إلى الرسولِ، وأخبره بتقرير مفصلٍ عن مهمتهِ التي أداهَا بنجاحٍ في « يثربَ »، زار أمهُ، فقالت له :

- « إنك لعلَى ما أنتَ عليهِ من الصباءَة بعدُ ! » . ؟

تسائلهُ أمازلتَ على ما أقدمتَ عليهِ من تركِ عبادة الأصنامِ، فأجابهَا في ثقةٍ :

- « أنا علَى دينِ رسولِ اللَّهِ وهو الإسلامُ الذي رضيَه اللَّهُ لنفسه ورسولِه » ورضيه الله لنا . قال تعالى ﴿ **وَرَضِيتُ لَكُمُ الإِسْلَامَ دِينًا** ﴾ .

تسألهُ وكأنهُ هو المخطئُ إذ تركَ عبادةَ الأصنامِ، ويجيبهَا في ثقةٍ وأدبٍ إذ إنهَا على أيِّ حالٍ والدتُه، يجيبُ في اتزانٍ بأنه على دينِ اللَّه الذي رضيهُ اللَّه للرسولِ .

فقالت :

« ما شكرتَ ما رثيتك مرةً بأرضِ الحبشةِ ومرةً بيثربَ » .

إنها تلينُ له القولَ، تغيرُ من الموضوع الذي تحدثُه فيه، ويجيبهَا عليه

علهَا تستميلُه إليهَا، تقولُ إنه ماشكرَ لها ماتحملتهُ وهو بعيدٌ عنهَا، مرةً حينمَا هاجر إلى الحبشةِ، ومرةً ثانية حينما ذهبَ إلى « يثربَ ».

أجابهَا « مصعبٌ » في وضوحٍ:

- « أفرُّ بدينِي أن تفتنونِي »[1].

يقولُ لها إنه يبتعدُ عنهم، حتى يستطيعَ البقاءَ على دينه، بعيداً عنهم، رغمَ محاولاتهِم الفاشلةِ في إرجاعهِ عن دينهِ، وعبادةِ ربهِ...

هنا لم تملك أمه نفسَها، بلغَ الغيظُ بها مبلغاً شديداً، فأرادت أن تفعلَ معه كما فعلت معه قبلُ، أرادت أن تحبسَه، فقال « مصعبٌ »:

- « لئن أنتِ حبستني لأحرصَنَّ على قتلِ مَنْ يتعرضُ لِي ».

يهددُ إن أقدمت أمُّه على حبسهِ مرةً أخرى فإنهُ لن يصمتَ هذه المرةَ بل سيحرصُ على قتلِ من يتعرضُ له بالشرِّ، فقالتْ أمه في نفاذِ حيلةٍ:

- « فاذهب لشأنِكَ ».

إنها تعلنُ عجزهَا عن التأثيرِ عليهِ ليتركَ دينَه، فتأمره أن يذهبَ إلى حيثُ يريدُ، تأمرُه وهي تبكِي لفشلهَا في إرجاعهِ عن دينهِ، فيقولُ « مصعبٌ » لها:

١-الطبقات الكبرى -ابن سعد- جـ٣ ص١١٩.

- « يا أمّه إني لكِ ناصحٌ عليكِ شفيقٌ فاشهدِي أن لا إله إلا اللّه وأن محمداً عبدهُ ورسولهُ » يقول « مصعبٌ » إنه لهَا ناصحٌ، وعليهَا مشفقٌ ولايريدُ لها إلا الخيرَ، فاطلبي مثلي الهدايَة، واشهدِي أن لا إله إلا اللّه وأن محمداً عبده ورسوله وادخلي في الإسلامِ.

فقالت :

- « والثواقبُ لا أدخلُ في دينك فَيُزْرى برأيي ويُضعَّفَ عقلِي ولكنيِّ أدَعُك وما أنتَ عليه وأقيمُ على دينِي ».

تقسمُ بالثواقب « النجومِ » أنها لن تدخلَ في الإسلامِ، لا لعدمِ اقتناعهَا به، بل لأنهَا تخافُ الناسَ أن يحتقِروا رأيَها، ويضعفُوا عقلَها، ولكنَّهَا تتركُهُ على ماهوَ عليهِ ، وتظلُّ على دينهَا، وحقاً إنكَ لاتهدي مَنْ أحببتَ ولكنَّ اللّهَ يهدي من يشاءُ إنه « مصعبٌ » أولُ داعيةٍ إلى اللّه، ولقد اهتدَى على يديهِ الكثيرُ من « أهل يثربَ »، بل لقد أسلمَ معه « سعد بن عبادة » و« سعد ابن معاذ » وهما من سادة « الأوسِ » و« الخزرجِ » ويسلمُ بإسلامهمَا الكثيرُ، ذلك عندمَا يشاءُ اللّهُ لهم الهداية، ولكن « أم مصعب » تبقَى على دينهَا إذ لم يردِ اللّه لها ذلكَ، فيتركَها « مصعبٌ » وإن كانت أمه فإنها على غير دينه، تعز عليه ويحبُّهَا حباً شديداً، ولكن محبتهُ لربه ولرسولِه أعظمُ وأكبرُ، يتركُها بعدَ أن نصحَ لها، وقال لها قولاً معروفاً.

إقامة مؤقتة في مكة:

أقام «مصعب» مع «الرسول» في مكة بقية شهر ذي الحجة، والمحرم وصفر، ثم ذهب قبلَه إلى المدينةِ باثنتي عشرة ليلة، ليواصل مهمته في إقرائهِم القرآنَ، وتعليمهم مبادئ الإسلامِ، وجمعهم يوم الجمعةِ للصلاةِ، وإمامتهِم فيها، حتى يشرفهُم بالحضورِ إلى أرضهم رسولُ اللَّه خيرُ داعٍ.

استقبال أهل المدينة للرسول:

لقد كان استقبالاً رائعاً ذلك الذي استقبلَه أهل «المدينةِ المنورةِ» للرسولِ العظيمِ، لقد فرحَ الأنصارُ من الأوسِ والخزرجِ بمقدمهِ فرحاً لم يفرحُوا مثلَه من قبلهِ، ويقفُ الرجلُ من الأوسِ إلى جوارِ أخيه من الخزرجِ في استقبالِ الرسولِ، لم يكونَا على وفاقٍ قبل سنواتٍ قليلةٍ، ولم يكن واحدٌ منهمَا يحبُّ الآخرَ، ولكنهمَا أخيراً اجتمعَا، فأحبَّا بعضهمَا، لأن الذي جمعهمَا «مصعبٌ» بن عمير أحدُ السابقينَ إلى الإسلامِ، والداعيةُ المخلص لربه ودينه وما جمعهمَا مصعبٌ إلا على أمر عظيم هوَ «الإسلامُ» دين اللَّهِ القائل ﴿**لَوْ أَنفَقْتَ مَا فِي الأَرْضِ جَمِيعًا مَّا أَلَّفْتَ بَيْنَ قُلُوبِهِمْ وَلَكِنَّ اللَّهَ أَلَّفَ بَيْنَهُمْ**﴾[١]، تلاقت قلوبُ الأنصارِ جميعهُم في ذلك الصباحِ المشرقِ الجميلِ ليستقبلُوا «الرسولَ».

١- سورة الأنفال -الآية- ٦٣.

ووقف « اليـهـودُ » حـيارَى لايصـدقـونَ مـايرونَه، وظلَّ « المشـركـونَ » في صـمـتٍ رهيبٍ ينظرونَ مـتعـجـبينَ ، لا يدرونَ أنه دينُ اللَّه أذنَ له أن ينتـشر ويظهرَ واضحاً كالشمسِ أمامَ الناسِ جميعاً، فكان التوفيقُ في صف الداعية المجتهدِ « مصعب »، وكان إيمانُ « الأنصارِ »، وحسنُ استقبالِهِم للرسولِ في يثربَ التي صارت منذُ ذلكَ اليومِ « المدينةِ المنورةِ » .

الفصل الثالث
بلاء شديد

صبر مصعب على الأذى في سبيل اللّه:

كان المسلمونَ قد تعودُوا على البلاءِ، وعلي ملاقاةِ الشدائدِ في سبيلِ دعوة اللّهِ، ولكنهُم بعد الهجرةِ عانوا أشد المعاناةِ من الجوعِ الذي لايقوونَ على احتمالهِ، ومن شدةِ العيشِ والفقرِ، فتحملُوا صابرينَ، محتسبينَ أجرهُم عندَ اللّهِ في الجنةِ.

أما « مصعبُ بن عمير » الذي كان مرفهًا في دار أبيهِ، وما عرفَ إلا النعيمَ في مكةَ، يرفلُ في أزهىَ وأبهىَ الملابسِ وأرقهَا على جسده، لايُرى إلا وهو جميلٌ، يأكلُ أفضلَ الطعامِ، ويعيشُ أفضلَ حياةٍ، أما « مصعب » فلقد ابتلي في سبيلِ اللّهِ بلاءً شديداً، إذ إنهُ حينَ أصابهَ الجوعُ الشديدُ، لم يقو على تحملهِ، فلقد رآه سيدنَا « سعدُ بن مالك بن أبي وقاص » و « جلده ليتطايرُ عنه تطايرَ جلد الحية » أي أنه لشدةِ الجوعِ لاتكادُ العين تصدقُ أنه هو » « ولقد رأيتُه ينقطعُ به، فما يستطيعُ أن يمشي، فنعرِض له القِسِيَّ ثم نحملُه على عواتقنا »[1] بل لم يعد يستطيعُ المسيرَ، فيأتِي الصحابةُ بما يحملونَه عليهِ.

١- سير أعلام النبلاء -الإمام الذهبي- ص١٤٦.

وهو على ذلك الابتلاءِ والتعبِ الشديدِ الذي يلاقيه في سبيلِ اللَّهِ لايتراجعُ عن أمر دعوتِه، بل يصبرُ ويتحملُ، ومما رواه عليّ بن أبي طالبٍ:

- «إنا لجلوسٌ مع رسولِ اللَّه في المسجدِ، إذ طلعَ علينا «مصعب بن عمير»، وما عليه إلا بردَة له مرقوعة بفرو، فلما رآه الرسولُ بكَى للذي كانَ عليهِ من النعمةِ والذي هوُ عليهِ اليومَ»[1].

هاهو «مصعبُ يخرجُ على جماعةِ المسلمين، وفيهم الرسولُ العظيم الذي ما إن رآه حتى يبكِي، فماذا كانَ «مصعب» يرتدِي ساعةَ رآه الرسولُ في المدينةِ؟ لقد رآهُ -صلى اللَّه عليه وسلم- وماعليه إلا «بردةٌ» فقط - عباءة- وهي ممزقةٌ، رقعهَا حتى تبدو متماسكة أمام مَنْ يراها، بكَى الرسولُ العظيمُ متذكراً النعمةَ التي كان «مصعب» فيها وماوصلَ إليهِ حالهُ بعد الإسلامِ.

عهد جديد:

لقد خرج «المسلمونَ» من مكةَ ومامعهُم من شيءٍ، خرجُوا وهم معدمونَ، تركُوا مالهُم وبيوتهَم وهاجرُوا، وفي المدينةِ بدأ عهدٌ جديدٌ من تاريخِ «الدعوةِ الإسلاميةِ» إذ أذنَ اللَّه للصحابةِ في قتالِ المشركين، بعد «مناوشاتٍ» بينهم وبين المشركينَ لم يحضرها الرسول بنفسِه لذلكَ سُميت

١- أسد الغابة في معرفة الصحابة -ابن الأثير- جـ٥- ص١٨٣.

« سرايا »، وجاء وقتُ حملِ السلاحِ في وجهِ العدوِّ، وبذلِ الروحِ في الحربِ فكانت « غزوة بدرٍ » التي حضرَها الرسولُ وقادَ الحربَ ضدَّ جيشِ المشركينَ وكان نصرُ اللَّه الحاسمُ للمسلمينَ. حملَ « مصعبٌ » في هذه الغزوةِ السلاحَ وكان في أول المحاربينَ بصدقٍ وعزيمةٍ يقاتل في سبيل الله، يقاتلُ من كفرَ باللهِ، ولكنَّ اللَّهَ احتفظَ بهِ ليومٍ أشدُّ قسوةً(١).

المشركونَ يراجعونَ ماحدث لهم:

وبعد أن ولَّى المشركونَ مهزومينَ أخذُوا يراجعونَ ماحدثَ لهم، لقد كان عددهم ألفاً بل وزيادةً، بينمَا كان عددُ المسلمينَ لايجاوزُ ثلثهم فقط ولقد أصروا على الحربِ، فلقد خرجَ الرسولُ طالباً لتجارةِ قريشٍ المحملةِ على العيرِ عائدةً من الشامِ، كان « الرسولُ » يريدُ أخذَ هذهِ التجارةِ عوضاً عما تركهُ المسلمونَ في مكةَ من أموالٍ كثيرةٍ، استولى عليهَا الكفارُ دونَ وجهِ حقٍّ، علمَ أبو سفيانَ بالأمرِ ففرَّ بتجارة قريشٍ، لكن كبارَ المشركينَ أصروا على قتالِ الرسولِ، وكانَ ما أرادُوا لأنَّ اللَّه أرادَ أن يجمعهُم كي يهزمَهُم شرَّ هزيمةٍ.

لقد أصابَ المشركينَ يومَ السابعَ عشرَ من رمضانَ منَ العامِ الثاني للهجرةِ هزيمة عظيمة، جعلتهم يذوقونَ المرارةَ الشديدةَ، لذلكَ أسرعُوا فقرروا معاودَةَ قتالِ الرسولِ بعدَ مرورِ عامٍ على هزيمتهِم السابقةِ، لذلكَ كانَ يومُ الخامسَ عشَر من شوالٍ هو يومُ الانتقامِ.

١- مصعب بن عمير -محمد إبراهيم سليم- ص٢٤.

إعداد المشركينَ لغزوةِ «أُحدٍ»

أعدت «قريش» لهذا اليومِ جيداً، فلقد جمعَ المشركونَ أنفسهُم، فإن كانُوا في «بدرٍ» ألفَ كافرٍ أو يزيدونَ، فإنهُم قد حشدُوا اليومَ ثلاثة آلافِ مقاتلٍ، بل اصطحبُوا معهُم سبعَ عشرةَ امرأة فيهنَّ من قُتِلَ أبوها، أو أخوهَا أو زوجُها، اصطحبوا بعض النساءِ كي يحمسنَ الرجالَ فتزداد ضراوتهم في الحربِ، وليصبحوا أكثرَ قسوة في محاربَة المسلمينَ.

الرسول يعدُّ المسلمينَ للمعركة:

وفي المدينة كانَ -صلى اللّه عليه وسلم - يجهزُ المسلمينَ ليومِ المعركَة لقد أعدَّ «سبعمائة مقاتلٍ» لملاقاةِ المشركينَ المحتشدينَ على بعدِ ميلينِ من المدينةِ، سبعمائة مقاتلٍ فقط إنهم يقلُّون قلِيلاً عن ثلثِ جيشِ المشركينَ ولكن متَى كانَ المسلمونَ يعتمدونَ على العددِ؟ ومتى كانت كثرة عددهم هي التي تنصرهُم؟، إنهم يقاتلُونَ -برغم قلةِ عددهِم- وينتصرونَ، لالشيءٍ إلا لأنَّ اللّهَ تعالَى معهم في صفهِم، ينزلُ عليهم الملائكة جنداً من السمَاء تحاربُ إلى جانبهِم، ويجيءُ النصرُ من عندِ اللّهِ كمَا جاءَ من قبلُ في «بدرٍ» للمسلمينَ الذين هم قلةٌ على الحقِّ، مقابلَ كثرة المشركين الذين هم على باطل جاء نصرُ اللّهِ للمسلمينَ، لأنهُم جميعاً قبلَ عامٍ، في السابع عشرَ من رمضانَ من العام الثاني الهجري قد أطاعُوا أوامرَ «الرسولِ العظيمِ» وطاعته من طاعة اللّه عز وجل.

حتى كان يومُ المعركةِ...

وفي ساحةِ «أحدٍ» تجمعَ المسلمونَ وعسكروُا كما أمرهُم الرسولُ الحكيمُ، وجوههُم للمشركينَ، وظهورهُم للجبلِ، ولكن ربما خطر لعدوهم أن يلتفَّ، يداور، فيحاربهُم من وراءِ ظهورهِم، بأن يصعدَ «الجبلَ»، ويلتفَّ فيأتيهِم من الخلفِ، لم يغب هذا الاحتمالِ عن ذهنِ «الرسول الحكيم» فأعدَ له العدةَ، بأن جعلَ خمسينَ من المسلمينَ الماهرينَ، من الرماةِ المجيدينَ على قمةِ الجبلِ، وأمرهُم بأن يظلوا في مواضعهِم مهمَا حدثَ، وألاّ يهبطُوا تحتَ أيِّ ظرفٍ من الظروفِ من مكانهِم .. وقالَ لهُم بالحرفِ الواحدِ:

- «قومُوا على مصافكمُ هذه، فاحمُوا ظهورنَا، فإن رأيتمُونَا قد انتصرنَا فلا تشركُونَا، وإن رأيتمونا نقتل فلا تنصرُونَا»(١).

لقد كان أمرُ الرسولِ لهؤلاءِ صريحاً، أن يكونُوا خلفَ ظهورِ المسلمينَ وشددَ عليهم، وأمرهم بعدمِ ترك أماكنهم، مهمَا كانتِ الظروفُ، فإن انتصرَ المسلمونَ، فلا يشاركونَهم نصرَهم، وإن رآوهم مهزومينَ فلا ينزلونَ عن أماكنهِم لنصرتهِم، وهي أوامر واضحةٌ، وعلى كلِّ واحدٍ منهم أن يطيعَ وينفذَ.

١- طبقات ابن سعد -جـ٣- ص٨٠ عن فقه السيرة -محمد سعيد البوطي ص١٨٥.

المعركة:

وبدأتِ المعركةُ، والرايةُ في يدِ « مصعب » رايةُ المسلمينَ المرفوعةُ، أعطاهَا النبيُّ له لما يعرفهُ عن شجاعتِه وبراعتِه الشديدةِ في القتالِ، ورغم قلةِ عددِ المسلمينَ، وكثرةِ المشركينَ فلقد تنزلَ نصرُ اللَّه على المسلمينَ، لما ثبتُوا في أماكنهِم، وأطاعُوا أمرَ رسولهِم، وهنَا رأَى الرماةُ الذينَ يحمونَ ظهرَ المسلمين أن المعركةَ قد انتهت بالنصرِ، ورأوا المشركينَ يهربونَ تاركينَ وراءهُم الكثيرَ من الغنائمِ، وأرادَ هؤلاءَ أن ينالوُا حظاً منهَا كمَا ينالُ المسلمونَ الواقفونَ أسفلَ الجبلِ، فأسرعَ إليهم « عبدُاللَّه بن جُبير » يذكرهُم بوصيةِ الرسولِ، وبقولِه الذي ينطبقُ تماماً على هذا الموقفِ، حتى لكأنَّ الرسولَ يصفُه:

- « فإن رأيتمونَا قد انتصرنَا فلا تشركونَا ».

فأجابوُه بأن الحربَ قد انتهت، وهم لايرونَ سبباً كافياً للبقاءِ في أماكنهِم وإزاءَ إصرارهِم على الهبوطِ، أمامَهُ رفضَ « عبدُاللَّه بن جُبير ومعه عشرةٌ من الصحابَة أن يهبطُوا، ويتركُوا أماكنهُم، ولكنَّ أحدَ عشرَ رجلاً لايقومونَ بدورِ خمسينَ، ولقد هبطَ تسعةٌ وثلاثُون رجلاً والمسلمونَ منتصرونَ.

وصارَ ظهرُ المسلمينَ بلا حمايةٍ، وأصبحَ من الممكنِ أن يهاجمَهُم عدوهم من خلفهِم إن أرادَ هزيمتهُم، وقد كانَ، فلقد رأىَ « خالدُ بن الوليد »

انصراف الرماةِ، ولم يكن قد أسلمَ بعدُ، فلما لمحهُم ينزلونَ، فاجأَ المسلمينَ من خلفهِم وكانت مفاجأة قاسية.

لقد وصلت إليهم سيوفُ المشركينَ، تحاولُ القضاءَ عليهم، وانقلبت دفةُ المعركةِ من نصرٍ إلى هزيمةٍ، فاضطربُوا، وتشتتوا، بل وأشيعَ أن الرسولَ العظيمَ قد قُتِلَ.

شجاعةٌ لا مثيل لها:

أما حقيقةُ ماجرَى فإنَّ أحدَ المشركينَ ويسمى «ابن قميئة» قد تعرضَ للرسولِ منتهزاً فرصةَ اضطرابِ المسلمينَ، أخذَ يحاولُ الوصولَ إلى الرسولِ صائِحاً:

- لا نجوتُ إن نجَا».

أما عن «مصعبٍ» فلقد أحسَّ بالخطرِ الشديدِ يقتربُ من رسولِ اللَّهِ حبيبهِ، وأقربِ البشرِ إلى قلبهِ، رأَى «مصعبٌ» تفرقَ الناسِ بينَ مصدقٍ لوفاةِ «الرسولِ»، وعائدٍ إلى «المدينةِ» وذاهلٍ عما يجرِي، فما كانَ منه إلاَّ أن رأَى الفرصةَ قد أتيحَت له ليؤديَ عملاً عظيماً يرضى به ربَّه، أخذَ يروحُ ويجيءُ، حريصاً على أن تكونَ الرايةُ مرتفعةً بين يديهِ، عاليةً كدليلٍ على قوةِ المسلمينَ.

أما عينُه فقدْ كانت على واحدٍ من البشرِ فقط، علَى الرسولِ الكريمِ رأى « ابن قميئة » يتعرضُ له فأسرعَ إليهِ هوَ والسيدةُ « أمُّ عمارة » يدافعانِ عن الرسولِ، الذي أصابهَ حجرٌ شجَّ وجهَهُ، وكُسرتْ ثنيتانِ من مقدمِ وجههِ وسالَ دمُه الشريفُ على وجههِ فأخذَ يمسحُهُ وهو يقولُ:

– « كيفَ يفلحُ قومٌ خضبُوا وجهَ نبيهِم، وهو يدعُوهم إلى ربهِم؟! »[١].

إنهُ في هذَا الموقفِ العصيبِ يتعجبُ، كيفَ يفلحُ مثلُ هؤلاءِ القومِ؟ وقد أصابُوا وجهَ نبيهِم الذي يدعوهُم إلى الإيمانِ وأسالُوا دمَهُ.

أمَّا « ابن قميئة » فإنه اتجهَ نحو « مصعبٍ » لأنَّ اللواءَ بين يديهِ، وهو لايريدُ للرايةِ التي تحملُ اسم اللَّهِ ورسولهِ أن ترتفعَ، وكانَ « ابنُ قميئة » فارساً، فضربَ يدَ « مصعبٍ » اليمنَى فقطعَهَا و« مصعبٌ » يقول:

– ﴿ **وَمَا مُحَمَّدٌ إِلاَّ رَسُولٌ قَدْ خَلَتْ مِن قَبْلِهِ الرُّسُلُ** ﴾[٢].

تقطعُ يد « مصعب » فلا يتركُ لسانُه ذكرَ اللَّه، وتلاوةَ القرآنِ الكريمِ، إنه يصبرُ نفسَه على ماتلقَى من أذى في سبيلِ اللَّه بقراءةِ القرآنِ، وهو درسٌ عظيمٌ في الصبرِ والتحملِ.

وبرغمِ الألمِ الشديدِ فلقد أمسك « مصعبٌ » اللواءَ بيدهِ اليسرَى، فضربَهُ

١- سيرة ابن هشام -جـ٣- ص٣٠، ص٣١.

٢-سورة آل عمران، الآية ١٤٤

«ابن قميئة» عليهَا فقطعَهَا، فضمَّ «مصعبٌ» اللواءَ بعضُدَيه يضمُه إلى صدره وهو يقولُ:

- ﴿وَمَا مُحَمَّدٌ إِلاَّ رَسُولٌ قَدْ خَلَتْ مِن قَبْلِهِ الرُّسُلُ﴾.

وذاك هو الإيمانُ حينمَا يتعمقُ داخلَ النفسِ، هاهو مصعب تقطعُ يداه ويزدادُ الألمُ عليهِ، فلا يكونَ ذلكَ كله مدعاةً لأن يسقطَ «اللواءُ» منه، وقد فَقدَ يديهِ، بل إنه يضمُّه بكتفيهِ إلى صدرِه، ومازالَ لسانُه رطباً بذكرِ «اللَّهِ». إنه الإصرارُ في أسمىَ معانيهِ، الإصرارُ على الحقِّ حتى لو فقد المؤمنُ نفسَهُ في سبيلهِ..

وذلك ماكانَ، إذ لم تأخذِ الشفقةُ طريقَهَا إلى نفسِ عدوِّ اللَّهِ، فهجَمَ على «مصعبٍ» للمرةِ الثالثةِ، ضربهُ بالرمحِ، فسقطَ البطلُ مضرجاً في دمائِهِ وسقطَ معه «اللواءُ».

فأخذَه «ملكٌ» في صورة «مصعب» فأخذَ الرسولُ العظيمُ يقول:

- «تقدم يامصعبُ».

فالتفتَ الملكُ قائلاً:

- «لستُ بمصعبٍ».

فعرفَ رسولُ اللَّهِ أنه ملكٌ أيدَ بهِ[١].

١- الطبقات الكبرى -ابن سعد- ص١٢٠.ج٣.

حملَ اللواءَ بدلاً عن « مصعبٍ » أحدُ الملائكةِ الذينَ أمدَّ اللَّهُ بهم رسولَه حدثه الرسولُ على أنه مصعبٌ فأجابَه بالنفي فعلمَ الرسولُ أن اللَّه قد أبدلَ صاحبَه بملاكٍ يقوم مقامَه.

الشهيد:

كان « مصعبٌ » قريبَ الشبهِ من الرسولِ العظيمِ، لذلكَ ظنَّ الكافرُ « ابن قميئَة » أنه إنما يقاتلُ الرسولَ، حتى إذا ما انصرفَ إلى قريشٍ قال:

– « قتلتُ محمداً »(١).

وهذا يفسرُ سرَّ حرصه على قتلِ « مصعبٍ » إذن فلقد حرصَ « مصعب » على أن يفديَ رسول اللّه ﷺ بنفسِه وأي منزلةٍ تلكَ عندَ اللَّه عز وجل فهنيئاً له ما ينالُ من خيرٍ في الجنةِ، نظيرَ ماقدَّم من تضحياتٍ في سبيلِ نصرةِ رسولِ ربه، وإِعلاءِ شأنِ دينهِ، وما اتصفَ به من صفاتٍ حسنةٍ، إذ يروي عنه « عبدُاللَّه بن عامر بن ربيعة » عن أبيهِ أنه قال: « كان مصعبُ بن عمير لي خِدْناً وصاحباً منذ يوم أسلمَ إلى أن قُتل - رحمَه اللَّه - بأُحُدٍ، خرجَ معنَا إلى الهجرتينِ جميعاً بأرضِ الحبشةِ، وكان رفيقي من بين القومِ فلم أر رجلاً قط كان أحسن خلقاً ولا أقل خلافاً منه ».

١- سير أعلام النبلاء -الذهبي- ص١٤٨.

إنه رفيقُه منذ أسلمَ، وحتى وفاتهِ يصفُه لنا فيقولُ إنه كان صاحبَه فلم ير رجلاً أحسنَ منه خلقاً، وأكثر تحلياً بالصفاتِ الطيبةِ الكريمةِ، ولا أقلَّ خلافاً مع أحدٍ من الناسِ من « مصعب »، وكيفَ لا يكونُ « مصعب » كذلك؟ وهو الداعيةُ إلى اللّهِ تعالى، قدوةٌ للناسِ جميعاً في جميعِ تصرفاتهِ، هكذا كان « مصعب » وكذلك حسنُ إسلامُه، فعاشَ مثالاً للمؤمنِ الحسنِ القولِ، المطيعِ لربهِ ورسولِه في جميعِ الأمورِ[1].

كفن مصعب:

روى أكثرُ من صحابيٍّ من صحابةِ رسولِ اللّهِ هذه الروايةَ لشدةِ تأثيرهَا في أنفسهم، رواهَا الذين امتد بهم العمرُ بعد « غزوة أحدٍ » وبعدَ أن تعلمَ الصحابةُ درساً عظيماً من هذه الغزوةِ، وعرفوا أهميةَ طاعةَ الرسولِ، فكان النصرُ حليفاً لهم في غزواتٍ أخرَى غزوهَا مع الرسولِ، وكان فتحُ « مكةَ » وانتشار الإسلامِ في الجزيرةِ العربيةِ كلهَا وما حولَهَا، فتبدلت أحوالُ الكثيرِ من الصحابةِ الذينَ عايشُوا الرسولَ في مواقفَ شديدةِ الصعوبةِ، وكانَ ممن تذكر هذه المواقفَ وجهادَ « مصعب » « عبدُالرحمن بن عوف » فلقد جاءَ إليه يوماً طعامٌ كي يأكلَه، فأخذَ يبكِي، فقالَ:

-« قُتِلَ حمزةُ، فلم يوجد ما يكفنُ به، إلا ثوباً واحداً، وقُتلَ مصعبُ بن

١- الطبقات الكبرى -ابن سعد- جـ٣ ص١١٧.

عمير فلم يوجد ما يكفنُ به، إلا ثوباً واحداً، لقد خشيتُ أن يكونَ عُجِّلت لنا طيباتُنا في حياتنا الدنيَا، وجعلَ يبكي ».

لقد رأى « عبدُالرحمن بن عوف » ما هوَ فيه من الخيرِ، فتذكرَ كفنَ « حمزةَ بن عبد المطلب » و« مصعبِ بن عمير » وكلاهُما استشهدَ في غزوةِ أحدٍ، تذكرَ ألا أحدَ منهمَا وجد إلا ثوباً واحداً يكفنُ فيه، وخافَ أن يكونَ قد عُجلَ له، فحصلَ على الخيرِ في حياتِه الدنيَا، وأخذَ يبكي لما تذكرَ ما هو فيه وحالهُمَا حين توفيَا.

ويصف « خبَّابُ » هذا الموقفَ فيقولُ:

-« هاجرنَا مع رسولِ اللّه، ونحنُ نبتغي وجهَ اللّه، فوقعَ أجرنَا على اللّه، فمنَّا مَنْ مضى لسبيلهِ لم يأكل من أجرِه شيئاً، منهم: مصعبُ بن عمير قُتلَ يوم أحدٍ، ولم يترك إلا نمرةً بردة من صوفٍ تلبسهَا الأعرابُ، كُنَّا إذا غطينا بهَا رأسهُ بدت رجلاه، وإذا غطينَا رجليهِ بدَا رأسُه، فقالَ رسولُ الله:

-« غطُّوا رأسَه واجعلُوا على رجليهِ من الأذخرِ - نباتٌ طيبُ الرائحةِ يبيضٌّ إذا يبسَ- ». ويكملُ خبابٌ قولَه فيقولُ:

ومنا مَنْ أينعت له ثمرتُه فهو يجتنيهَا « يقطفها »[1].

يصفُ خبابُ نفسَه، وبقيةَ صحابةِ رسولِ اللّه حينمَا هاجرُوا، فكانُوا لا

١- سير أعلام النبلاء -الإمام الذهبي- ص١٤٦.

يريدونَ سوى ثوابِ اللَّه وحدَه، فكان على اللَّهِ أجرهُم، ومن الصحابةِ مَنْ توفِّي ولم ينل من الدنيا شيئاً، فمنهم «مصعبٌ» إذ إنه حينَ استشهدَ، لم يترك إلا بردة -عباءة- من صوفٍ، كانَ إذا غُطِّيَ بها رأسُه ظهرت رجلاه، وإذا غُطِّيَ بها رجلاه بدا رأسُه، فهي قصيرةٌ عليه، فأمرهمُ الرسوُل بأن يغطُّوا رأسَه، ويجعلُوا على رجليهِ من نباتِ طيبِ الرائحةِ، ويكملُ خبَّابٌ بأن من الصحابةِ الكرامِ مَنْ عاشَ حتى نالَ من خيرِ الدنيا.

إنه «مصعبٌ» الذي نشأ وتربَّى في النعيمِ، يموتُ شهيداً في سبيلِ اللَّهِ وفي هذه الروايةِ كانت العباءةُ التي كُفِنَ فيها لا تكادُ تغطيه، فأمرهم الرسول أن يغطوا قدميه بنباتِ طيب الرائحة، استشهدَ في سبيلِ اللَّه ولا يجدُ الكفنَ المناسبَ! أجل لأن اللَّه -عز وجل- قد ادخرَ له ثوابهَ كاملاً لديه، ادخرَ له جناتِ الخلدِ، والنعيمِ المقيمِ لديه في الجنةِ، وما عليه بعد ذلك، ماذا يهمُّ «مصعب» من هذه الدنيا الفانيةِ إذا كانَ قد نالَ رضَا اللَّه عنه، ودعاءَ الرسولِ العظيمِ، وكفَى بهمَا، فهمَا خيرٌ من كلِّ كنوزِ الأرضِ.

الرسول العظيم يودع مصعباً:

ووقفَ الرسولُ العظيمَ يودعُ مصعباً قبل أن يُدفنَ، ويلقي عليه النظرةَ الأخيرةَ فقال:

«لقد رأيتكَ بمكةَ وما بها أحد أرق حلة ولا أحسن لمةً منكَ، ثم أنتَ

شعث الرأسِ في بُرْدَةٍ »[١].

لقد تذكرَ « الرسولُ » صفةَ، ذلك الفتَى الوسيمِ المعروفِ في مكةَ كلها قبلَ إسلامهِ، تذكرَ النعيمَ الذي كان عليه، وكيفَ أنه كان أرقَّ شبابها ملابس، وأحسنهُم شعراً، وصفتُه عند موتهِ اليوم، أشعث الشعرِ، في بُردة ليست كما تعود.

ثم أمر رسولُ اللَّه به أن يقبرَ -يدفن في قبرٍ- فنزلَ معه بعضُ الصحابةِ وفيهم أخوه « أبو الروم بن عمير ».

وبذلكَ تنتهي حياةُ أحدِ صحابةِ الرسولِ العظامِ، واحد من السابقين إلى الإسلام، وأولُ داعيةٍ إلى الإسلامِ، وأولُ مبعوثٍ للرسولِ خارجَ مكةَ، أول سفيرٍ للإسلامِ خارجَ مكةَ، لتخلدَ سيرته في الحياةِ كمثالٍ أمامَ الداعينَ إلى اللَّه وقدوةٍ لهم في كلِّ زمانٍ ومكانٍ، دفن « مصعب » والرسولُ يتلو:

﴿مِنَ الْمُؤْمِنِينَ رِجَالٌ صَدَقُوا مَا عَاهَدُوا اللَّهَ عَلَيْهِ فَمِنْهُم مَّن قَضَىٰ نَحْبَهُ وَمِنْهُم مَّن يَنتَظِرُ وَمَا بَدَّلُوا تَبْدِيلاً﴾[٢].

١- الطبقات الكبرى -ابن سعد- جـ٣ ص١٢٠.
٢- مصعب بن عمير -محمد إبراهيم سليم- ص٣١، الآية ٢٣ من سورة الأحزاب.

الفهـــرس

الفصل الثالث **٣١ - ٤٤**

بلاء شديد

صبر مصعب على الأذى في سبيل الله

عهد جديد

المشركون يراجعون ما حدث لهم

إعداد المشركين لغزوة أحد

الرسول يعد المسلمين للمعركة

المعركة

شجاعة لا مثيل لها

الشهيد

كفن مصعب

الرسول يودع مصعباً.